Werner Färber

Kleine Geschichten von der Uhr

Illustrationen von Angela Weinhold

Die Deutsche Bibliothek – CIP-Einheitsaufnahme

Kleine Geschichten von der Uhr / Werner Färber.
Ill. von Angela Weinhold.
– 1. Aufl. – Bindlach : Loewe, 1999
(Lirum Larum Bildermaus)
ISBN 3-7855-3453-1

Dieses Buch ist auf chlorfrei gebleichtem Papier gedruckt.

ISBN 3-7855-3453-1 – 1. Auflage 1999
© 1999 Loewe Verlag GmbH, Bindlach
Umschlagillustration: Angela Weinhold

sieben Uhr

acht Uhr

neun Uhr

zehn Uhr

elf Uhr

zwölf Uhr

ein Uhr

zwei Uhr

drei Uhr

vier Uhr

fünf Uhr

sechs Uhr

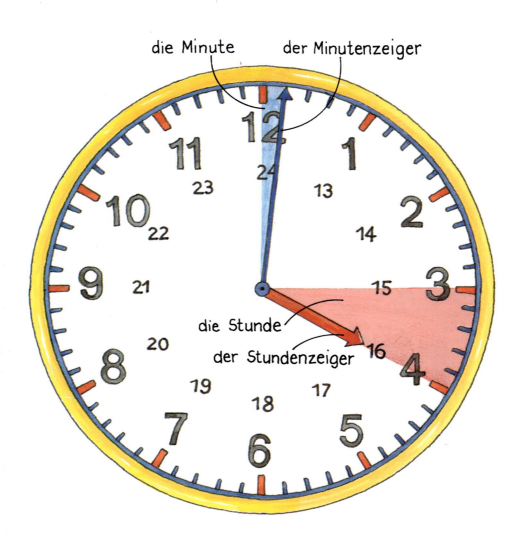

Inhalt

Ein Tag mit Max   8

Alles zu spät?   18

Beim Uhrmacher   26

Mama, wie spät ist es?   32

Sehnsucht nach Papa   44

Ein Tag mit Max

Um  klingelt der .

Mama steht auf und geht unter

die . Dann weckt sie Max.

Er zieht sein  und seine

 an. Papa hat inzwischen

schon den  gedeckt.

„Hm, frische ", sagt Max.

Um bringt Papa Max in den . Bis um dürfen alle spielen, was sie wollen. Um liefert der  frische .

Bis um  dürfen die  auf den . „Hallo, Max!",

ruft Mama, als sie ihn um wieder abholt. Sie fahren heim.

Mama brät  und .

Um wird gegessen.

Um legt sich Max ins

 und schläft bis um .

Kaum ist er wieder wach, geht

Max in den  und spielt

mit Sabine. Um fängt es

an zu regnen. „Dann spielen wir

eben drinnen", sagt Max.

Sie legen zusammen ein .

„Ich gehe einkaufen. Kommst du mit?", fragt Papa um ⏰ .

Sie holen 🥬 , 🥕 und 🍎 . Schon ist es ⏰ .

Abends gibt es den , dazu  mit  und zu essen. Um wäscht sich Max und putzt die 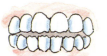 .

Bis um sitzt Papa noch auf dem  und liest Max aus einem vor. „Schlaft gut", sagt Max zu Mama und Papa. Dann knipst er die  aus. Um ist Max schon längst eingeschlafen. Um gehen auch Mama und Papa ins . Um ist es still im  .

Kurz nach fährt die letzte

 vorüber. Um

scheint der  zum

herein. Der  radelt bis

um in seinem  .

Dann ist auch er müde.

Zwischen 3 und 4 passiert nicht viel. Um 5 bellt mal ein 🐕. Um 6 steckt eine 👩 die 📰 in den 📬. Und um 7 klingelt der ⏰. „Aufstehen, Max!"

Alles zu spät?

Papa zieht den  auf.

„Robert! Wach auf! Wir haben verschlafen!", ruft er. Robert springt aus den .

Er ist  und soll heute  spielen. Hastig zieht er sich  und  an.

Papa hat ihm eine  auf den  gelegt. Daneben steht eine  Kakao. Schnell trinkt Robert die  leer und schnappt sich die .

Die  und seine großen

 klemmt er unter den

. Papa wartet schon unten

im . „Wie spät?", fragt Robert

atemlos. „Es ist genau ",

antwortet Papa.

„Das schaffen wir nie", jammert Robert. „Um pfeift der  an."

„Sonntags ist wenig los auf der ", versucht Papa Robert zu beruhigen und fährt los.

„Schneller!", ruft Robert.

„Schneller geht es nicht. Die  ist nass und voller ", sagt Papa.  erreichen sie den 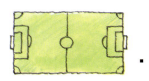. „Nanu, hier ist ja noch kein einziges 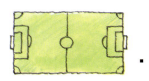", sagt Papa. Trotzdem steigen sie aus und rennen zum . Aber da ist auch niemand.

Nur ein , der gerade die  aufstellt. „Wird heute

nicht gespielt?", fragt Robert.

„Doch, um ", sagt der .

„Aber es ist doch schon  ", sagt Roberts Papa.

Der  schaut auf seine  .

„Also bei mir ist es  ."

Da begreift Papa, was los ist.

„Die Sommerzeit ist vorbei", sagt er. „Letzte  wurden alle  um eine Stunde zurückgestellt. Wir sind nicht zu spät dran, sondern eine Stunde zu früh!"

Beim Uhrmacher

„Nanu", sagt die 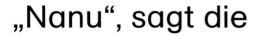. Sie klopft

mit dem  an ihre .

Die stehen still.

Sie hält die  ans .

Die  tickt nicht mehr.

Sie steckt die in ihre

und geht zum .

„Wo drückt denn der ?",

fragt der . Die

schüttelt den : „Ich bin doch

nicht wegen meiner  hier!"

„Mit  kenne ich mich

auch nicht so gut aus", sagt der

 . „Es geht um meine

 ", sagt die . „Läuft sie

nicht mehr?", fragt der .

Die schaut den

verwundert an. „Gelaufen ist sie

noch nie", sagt sie unwirsch.

„Eine hat doch keine ."

Der  zieht die

hoch. Die kommt ihm ein

wenig merkwürdig vor. Er nimmt

einen kleinen  und öffnet

vorsichtig die  .

Dann klemmt er sich eine  ins . „Ihre muss mal gründlich gereinigt werden", sagt der . „Vielleicht muss ich auch ein  ersetzen."

„Dauert das lange?", fragt die .

„Sie können sie schon morgen wieder abholen", sagt der . „Und dann läuft sie wieder?", fragt die . Der  nickt. „Ja, und zwar ganz ohne 👣 ", sagt er.

Mama, wie spät ist es?

Claudia und Mama steigen in den . Die große  zeigt nachmittags.

Claudia fragt: „Wann sind wir bei Oma?" „Um ", sagt Mama.

Sie zeigt Claudia ihre .

„Das ist der große .

Er wandert einmal ganz herum.

Der kleine ⟶ muss von der 3 bis zur 4." „Die ⌐ bewegen sich ja gar nicht", sagt Claudia.

„Doch", sagt Mama, „aber langsam."

Claudia schaut aus dem .

Draußen fliegen die  vorbei.

Ab und zu sieht sie  oder

. „Wie spät ist es?",

fragt Claudia. „Genau ",

sagt Mama.

Der  rattert vor sich hin.

Beinahe schläft Claudia ein.

Plötzlich schreckt sie hoch.

„Mama, wie spät?" Mama lächelt.

„Es ist ."

Als der  kommt, darf

Claudia ihm die  geben.

„Danke, junge ", sagt der .

„Wie spät ist es, bitte?",

fragt Claudia. Der

zieht seine heraus.

„", antwortet er

und geht weiter.

Mama liest eine .

Plötzlich fährt der  in einen . Claudia fragt: „Mama, wie spät?" Mama seufzt. „Es ist .".

Claudia packt ihre

und den  auf den  .

Auch während sie malt, fragt

Claudia ständig, wie spät es ist.

Mama schaut immer wieder auf

ihre  . „, ,

 ", antwortet sie geduldig.

Endlich wird der

langsamer. Hastig packt Claudia

ihren  . „Es ist noch

nicht so weit", sagt Mama.

„Wann kommt dieser dumme

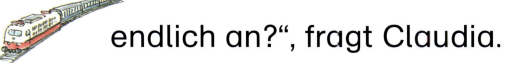   endlich an?", fragt Claudia.

„Wenn der große  auf

die 12 zeigt", sagt Mama. Sie nimmt

ihre ab und legt sie Claudia

um den . Um steckt

Mama ihre in die .

Um zieht Mama ihren  an. Claudia setzt die auf. Um stellt Mama den bereit.

Um  stellen sie sich an

die .  bremst

der  quietschend ab.

Draußen steht Oma und wartet.

Genau um springt Claudia

in ihre . „Na, war es sehr

langweilig im ?", fragt Oma.

„Überhaupt nicht!", ruft Claudia.

Sehnsucht nach Papa

Rosa legt ihre  auf den  und schiebt ihn von sich.

Sie mag überhaupt nichts essen.

Rosa sehnt sich nach Papa.

Er ist gestern mit dem  verreist. Rosa seufzt. „Darf ich Papa anrufen?", fragt sie.

Mama sieht auf ihre .

„Jetzt geht es nicht. Papa schläft sicher noch." „Um mittags?", fragt Rosa. „Ist Papa krank?"

„Nein", sagt Mama, „in Amerika ist

es jetzt erst morgens."

„Wieso das denn?", fragt Rosa.

„Warte, ich hol den ",

sagt Mama. Sie stellt den

auf den .

Eine 🔦 hat sie auch mitgebracht. „Schau mal, wir wohnen hier", sagt Mama.

Sie zeigt auf Deutschland.

„Weiß ich doch", sagt Rosa.

„Stell dir vor, die 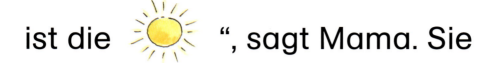 ist die ☀", sagt Mama. Sie knipst die 🔦 an und leuchtet auf Deutschland.

„Bei uns ist es jetzt hell. Papa ist mit dem  aber dorthin geflogen." Mama zeigt auf Amerika. „Da leuchtet deine  nicht", sagt Rosa.

Jetzt versteht sie, warum Papa noch im 🛏 ist. „Und was ist da unten, wo die 🔦 auch nicht hinleuchtet?", fragt Rosa.

„Da leben die 🦘 und die 🐨 ", antwortet Mama.

„Das ist Australien. Dort ist es

jetzt ungefähr abends."

„Dann müssen die  und

 jetzt aber ins  ",

sagt Rosa. Mama lacht.

„Wenn ich den  schnell

weiterdrehe", sagt Rosa, „scheint

in Amerika die  und ich darf

Papa anrufen." Da klingelt das

. Schnell läuft Rosa hin.

Sie nimmt den  ab. „Papa!",

ruft sie. „Warum bist du nicht im

?" Sie redet mit ihm, bis

Mama sagt: „Ich will auch mal."

Als Mama den  auflegt, hält Rosa erschrocken die vor den . „Ist Papa jetzt aufgewacht, weil ich den gedreht habe?" Mama schüttelt lachend den . „Ich glaube, er hat sich einfach nach uns gesehnt."

Die Wörter zu den Bildern:

 Wecker

 Brezeln

 Dusche

 Kinder

 Hemd

 Spielplatz

 Hose

 Kartoffeln

 Tisch

 Spiegelei

 Brötchen

 Bett

 Kindergarten

 Garten

 Bäcker

 Puzzle

Salat
 Haus
 Karotten
 Straßenbahn
 Äpfel
 Mond
 Brot
 Fenster
 Wurst
 Hamster
 Käse
 Käfig
 Zähne
 Hund
 Buch
 Frau
 Lampe
 Zeitung

 Briefkasten
 Arm
 Vorhang
 Auto
 Federn
 Schiedsrichter
 Torwart
 Straße
 Fußball
 Blätter
 Banane
 Fußballplatz
 Tasse
 Spielfeld
 Fußballschuhe
 Mann
 Handschuhe
 Tore

 Uhr

 Nacht

 Finger

 Zeiger

 Ohr

 Tasche

 Uhrmacher

Schuh

 Kopf

 Füße

  Augen-
brauen

 Schrauben-
zieher

 Lupe

 Auge

 Zahnrad

 Zug

 Bahnhofsuhr

 Bäume

 Kühe
 Mantel
 Pferde
 Mütze
 Schaffner
 Koffer
 Fahrkarten
 Tür
 Taschenuhr
 Gabel
 Tunnel
 Teller
 Buntstifte
 Flugzeug
 Block
 Globus
 Rucksack
 Taschenlampe

 Sonne

 Kängurus

 Koalabären

 Telefon

 Hörer

 Hand

Mund

Werner Färber wurde 1957 in Wassertrüdingen geboren. Er studierte Anglistik und Sport in Freiburg und Hamburg und unterrichtete anschließend an einer Schule in Schottland. Seit 1985 arbeitet er als freier Übersetzer und schreibt Kinderbücher.

Angela Weinhold, geboren 1955 in Geesthacht/Schleswig-Holstein, ist in Ostfriesland aufgewachsen. Nach dem Abitur begann sie ein Grafik-Design-Studium (Schwerpunkt Buch- und Presseillustration) an der ehemaligen Folkwang-Hochschule in Essen. Seit 1980 arbeitet sie freiberuflich als Illustratorin für Schul- und Jugendbuchverlage.

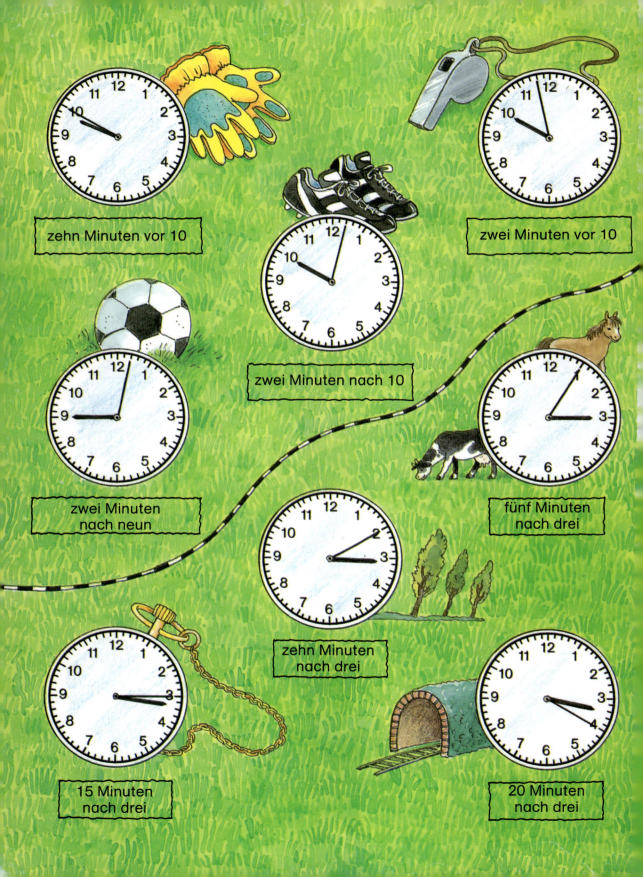